Short Spanish Stories

Beginners Short Stories ToLearn Spanish

Author: LanguageMastery

Series: Spanish

LanguageMastery

Copyright 2016 byLanguageMastery – All rights reserved.

This document is geared towards providing exact and reliable information in regards to the topic and issue covered. The publication is sold on the idea that the publisher is not required to render an accounting, officially permitted, or otherwise, qualified services. If advice is necessary, legal or professional, a practiced individual in the profession should be ordered.

From a Declaration of Principles, which was accepted and approved equally by a Committee of the American Bar Association and a Committee of Publishers and Associations. In no way is it legal to reproduce, duplicate, or transmit ay part of this document by either electronic means or in printed format. Recording of this publication is strictly prohibited and any storage of this document is not allowed unless with written permission from the publisher. All rights reserved. The information provided herein is stated to be truthful and consistent, in that any liability, in terms of inattention or otherwise, by any usage or abuse of any policies, processes, or directions contained within is the solely and utter responsibility of the recipient reader. Under no circumstances will any legal responsibility or blame be held against the publisher for any reparation damages, or monetary loss due to the information herein, either directly or indirectly. Respective authors own all copyrights not held by the publisher.

LanguageMastery

The information herein is offered for informational purposes solely and is universal as so. The presentation of the information is without a contract or any type of guarantee assurance. The trademarks that are used are without any consent, and the publication of the trademark is without permission or backing by the trademarkowner. All trademarks and brands within this book are for clarifying purposes only and are the owned by the owners themselves, not affiliated with this document.

TABLE OF CONTENTS

Description
Descripción

El ABC Diario
The ABC Daily

El amigo Luis
The friend Luis

Estévez y Ramírez: el comienzo del misterio.
Estevez and Ramirez: the beginning of the mystery.

El miedo de Laura
Laura's Fear

Lo que me dio mi abuela
What my grandmother gave me

La búsqueda
The search

LanguageMastery

Navidad en México
Christmas in Mexico

La princesa de Fuego
The Fire Princess

Juancito
Juancito

Sentencia
Sentence

Haciendo compañía
Making Company

Fría sorpresa
Cold surprise

ConfusiónMilitar
Military Confusion

LanguageMastery

DESCRIPTION

Short Stories focused on Spanish language and intercultural learning, which would support you grammar lessons and exercises, giving you a fun way to learn structures, common uses and Spanish vocabulary.

DESCRIPCIÓN

Cuentos para trabajar la interculturalidad y el aprendizaje de español, los cuales respaldaran las lecciones gramaticales y los ejercicios, dándote una forma amena de aprender estructuras, usos y vocabulario del español.

El ABC Diario

Érase una vez un hombre que había compuesto versos para el abecedario, siempre dos para cada letra, exactamente como vemos en la antigua cartilla. Decía que hacía falta algo nuevo, pues los viejos pareados estaban muy sobados, y los suyos le parecían muy bien. Por el momento, el nuevo abecedario estaba sólo en manuscrito, guardado en el gran armario-librería, junto a la vieja cartilla impresa; aquel armario que contenía tantos libros eruditos y entretenidos. Pero el viejo abecedario no quería por vecino al nuevo, y había saltado en el anaquel pegando un empellón al intruso, el cual cayó al suelo, y allí estaba ahora con todas las hojas dispersas. El viejo abecedario había vuelto hacia arriba la primera página, que era la más importante, pues en ella estaban todas las letras, grandes y pequeñas. Aquella hoja contenía todo lo que constituye la vida de los demás libros: el alfabeto, las letras que, quiérase o no, gobiernan al mundo. ¡Qué poder más terrible! Todo depende de cómo se las dispone: pueden dar la vida, pueden condenar a muerte; alegrar o entristecer. Por sí solas nada son, pero ¡puestas en fila y ordenadas!... Cuando Nuestro Señor las hace intérpretes de su pensamiento, leemos más cosas de las que nuestra mente puede contener y nos inclinamos profundamente, pero las letras son capaces de contenerlas.

Pues allí estaban, cara arriba. El gallo de la A mayúscula lucía sus plumas rojas, azules y verdes. Hinchaba el pecho muy ufano, pues sabía lo que significaban las letras, y era el único viviente entre ellas.

Al caer al suelo el viejo abecedario, el gallo batió de alas, subió de una volada a un borde del armario y, después de alisarse las plumas con el pico, lanzó al aire un penetrante quiquiriquí. Todos los libros del armario, que, cuando no estaban de servicio, se pasaban el día y la noche dormitando, oyeron la estridente trompeta. Y entonces el gallo se puso a discursear, en voz clara y perceptible, sobre la injusticia que acababa de cometerse con el viejo abecedario.

- Por lo visto ahora ha de ser todo nuevo, todo diferente - dijo -. El progreso no puede detenerse. Los niños son tan listos, que saben leer antes de conocer las letras. «¡Hay que darles algo nuevo!», dijo el autor de los nuevos versos, que yacen esparcidos por el suelo. ¡Bien los conozco! Más de diez veces se los oí leer en alta voz. ¡Cómo gozaba el hombre! Pues no, yo defenderé los míos, los antiguos, que son tan buenos, y las ilustraciones que los acompañan. Por ellos lucharé y cantaré. Todos los libros del armario lo saben bien.

LanguageMastery

THE ABC DAILY

Once upon a time there was a man who had composed verses for the alphabet, always two for each letter, exactly as we see in the old primer. He said that something new was needed, as the old pairings were very handled, and theirs seemed very well. At the moment, the new alphabet was only in manuscript, kept in the large cabinet-bookcase, next to the old printed booklet; Thatwardrobe containing so many erudite and entertaining books. But the old alphabet did not want the new neighbor, and he had jumped on the shelf, striking the intruder, which fell to the ground, and there was now all the scattered leaves. The old alphabet had turned up the first page, which was the most important, for in it were all the letters, large and small. That sheet contained everything that constitutes the life of the other books: the alphabet, the letters that, like it or not, govern the world. What terrible power! It all depends on how they are disposed: they can give life, they can condemn to death, give joy or sadden. Only by themselves they are nothing, but lined up and ordered! ... When Our Lord makes them interpreters of His thought, we read more things than our mind can contain and we bow deeply, but the letters are capable of containing them.

Well,there they were, face up. The rooster of the capital letter A wore its red, blue and green feathers. His chest swelled very proudly, as he knew what the letters meant, and it was the only living being among them.

As the old alphabet fell to the ground, the rooster flapped its wings, it flew up to one edge of the wardrobe and, after smoothing its feathers with its beak, threw a piercing quiquiriquí into the air. All the books in the closet, which, when they were not on duty, spent the day and night slumbering, heard the shrill trumpet. and then the rooster began to speak, in clear and perceptible voice, about the injustice that had just been committed with the old alphabet.

- It seems now that all must be new, all different, "he said. Progress cannot be stopped. Children are so smart; they know how to read before knowing the letters. "You have to give them something new!" Said the author of the new verses, which lie scattered on the ground. I know them well! More than ten times I heard them read aloud. How man enjoyed! No, I will defend mine, the ancients, who are so good, and the illustrations that accompany them. For them I will fight and sing. All the books in the closet know it well.

EL AMIGO LUIS

Luís era un niño muy amado por toda su familia, él ayudaba a su madre con las labores de la casa, visitaba a su abuela todos los fines de semana, hacía sus tareas del colegio, cuidaba a su hermana Ana y compartía los juguetes con ella. Sus padres estaban muy orgullosos de él, ellos trabajaban mucho para poder darle un hogar cálido y lleno de alegría. Su abuela Carmen vivía a las afueras de la ciudad, pero Luís nunca faltaba a las visitas los fines de semana. Ella se alegraba mucho, le contaba historias, le regalaba dulces y le mostraba viejas fotos. Luís se asombraba mucho al ver las fotos de sus abuelos cuando ellos eran jóvenes. Su abuelo había muerto antes de que Luís naciera, por lo que solía preguntar mucho sobre él. – *Abuela, puedes contarme otra vez cómo se conocieron tú y mi abuelo. ¿Dónde fue? ¿Cómo era él? ¿Ustedes se amaban mucho? ¿Jugaba mucho con mi papá cuando era niño?* -La abuela de Luís le había contando esas historias muchas veces, pero ella nunca dudaba en repetirlas. Luís también disfrutaba mucho jugando con su hermana menor ,ellos eran inseparables. Aunque ella fuese más pequeña que Luís, él se aseguraba de ella estuviese bien, la atendía y la cuidaba. Alguna veces Ana se tropezaba jugando y lloraba mucho. Luís la consolaba diciendo – *Es parte del juego, nos caemos y nos volvemos a levantar. Ya pronto pasará el dolor.-* Él se quedaba junto a ella hasta que paraba de llorar, la ayudaba a levantarse y le daba ánimos para seguir jugando. Ella admiraba mucho a su hermano y se sentía segura jugando con él. Luís también tenía amigos, sus compañeros de colegio, pero no jugaba tanto con ellos. Un día, mientras Luís estaba solo en casa, sus amigos fueron a buscarle.- *Luís, nosotros queremos jugar.* - Pero él no quería jugar con ellos. Ellos insistieron – Tú eres nuestro amigo, no te quedes solo en casa, sal a jugar con nosotros. Sus amigos se enojaron. - *Sino quieres tú, jugar con nosotros no seremos amigos*-. Ellos, sintiéndose rechazados, se fueron de inmediato. Luís siguió jugando con sus juguetes, pero empezó aaburrirse. Cuando sus padres y hermana volvieron a casa notaron que Luís estaba un poco triste. Su padre se acercó a preguntarle qué había pasado, él le contestó – *Mis amigos vinieron a buscarme. Ellos me invitaron a jugar con ellos pero yo no quería.Luego me di cuenta que jugar solo es un poco aburrido, realmente yo si quiero jugar con mis ellos, pero dijeron que ya no serían mis amigos, deben estar enojados*-. Su padre lo consoló diciendo – *No te preocupes, claro que ellos aún son tus amigos. Aún puedes jugar con ellos.* -Al día siguiente, Marcos fue al colegio con sus juguetesy buscó a sus compañeros. Ellos estaban donde siempre, jugando al fútbol. -*¡Mira! Luís ha venido, ¡él estáaquí!*-. Luís se acercó y dijo – *Discúlpenme por no haber salido a jugar con ustedes ayer. Ustedes son misamigos, por eso yo quiero compartir mis juguetes y que todos nosotros juguemos juntos.*- Ellos, que habían estado enojados, pero viendo las buenas intenciones que él tenía, disculparon a Luís de inmediato – *Tranquilo, Luís, ya que estás acá con nosotros juguemos con la pelota.* - Desde entonces, Luís y sus amigos siempre juegan juntos, comparten los juguetes de él y de sus amigos,pues ellos siempre están dispuestos a jugar.

THE FRIEND LUIS

Luís was a beloved child for all his family, he helped his mother with the housework, visited his grandmother every weekend, did his homework, Took care of his sister Ana and shared the toys with her. His parents were very proud of him, they worked hard to give him a warm home and full of joy. His grandmother Carmen lived on the outskirts of the city, but Luis never missed visitors on weekends. She was very happy, told stories, Gave him candies and showed him old pictures. Luís was astonished to see the photos of his grandparents when they were young. His grandfather had died before Luis was born, So I used to ask a lot about him. "Grandmother, you can tell me again how you and my grandfather met. Where was? How was he? Did you guys really love each other? Did I play a lot with my dad when I was a kid? - Luis's grandmother had told her these stories many times, but she never hesitated to repeat them. Luis also enjoyed playing with his younger sister, they were inseparable. Although she was smaller than Luis, he made sure she was well, looked after her and cared for her. Sometimes Ana would stumble and play and cry a lot. Luis consoled her saying - It's part of the game, we fall and we rise again. The pain will soon pass. - He stayed next to her until she stopped crying, helped her to get up and gave her encouragement to continue playing. She admired her brother a lot and felt safe playing with him. Luis also had friends, his schoolmates, but he did not play with them so much. One day, while Luis was home alone, his friends went to get him. "Luis, we want to play. - But he did not want to play with them. They insisted – if you are our friend, do not stay home alone, go out and play with us. His friends got angry. - But if you dont want to play with us, we will not be friends. They, feeling rejected, left immediately. Luis continued to play alone with his toys, but he began to get bored. When his parents and sister returned home they noticed that Luis was a little sad. His father came to ask what had happened, he replied - My friends came to get me. They invited me to play with them but I did not want to. Then I realized that playing alone is a little boring, Ireally want to play with my guys, but they said that they would not be my friends anymore, They must be angry. His father comforted him by saying - Do not worry, of course they are still your friends. You can still play with them. - The next day, Marcos went to school with his toys and looked for his classmates. They were where ever, playing football. -Look! Louis has come, he is here! Louis approached and said, "Sorry for not going out to play with you yesterday." You are my friends, that's why I want to share my toys and that we all play together.- They, That they had been angry, but seeing the good intentions that he had, they apologized to Luis immediately – Stay calm, Luis, since you are here with us, lets play with the ball. - Since then, Luis and his friends always play together, they share the toys of him and his friends, because they are always willing to play.

ESTÉVEZ Y RAMÍREZ: EL COMIENZO DEL MISTERIO.

El detective Ramírez entra y mira alrededor de la habitación. El detective Estévez está junto a la puerta. Ramírez es alto, delgadoy moreno; Estévez es rubio, algo pasado de peso y de baja estatura. Ramírez está revisando con cuidado toda la habitación, cualquier mínimo detalla podría ser importante. Estévez, quien ya había inspeccionado la habitación, está atento a lo que hacía su compañero. Ramírez es un detective experimentado, más de veintes años en el trabajo, y está siempre calmados al momento de revisar una escena. El cadáver que está en el medio de la habitación no loaltera. Estévez, que recientemente subió al cargo de detective, está aun acostumbrándose a este tipo de escenas, pero es uno de los mejores policías jóvenes de la ciudad.

"Los vecinos llamaron a la policía por el olor. Ellos dicen que él era muy tranquilo y no se metía con nadie." Comenta Estévez.

Ramírez mira más de cerca el cadáver y continúa describiéndole la escena al detective Estévez para que tome notas.

"Está claro, veo un traumatismo en la cabeza y moretones por todo este cuerpo. Ha sido un homicidio. No hay herida de bala. Por favor, toma una fotografía de la mesa del comedor. La comida que está ahíno era la víctima y es importante

hacer registro. El asesino comió, ya sea antes o después de darle una paliza a la víctima, posiblemente hasta matarla. De cualquier manera, esto no es un asesinato al azar; esto fue personal, estoy seguro de eso. Empecemos a localizar a familiares y amigos de la víctima. Tenemos que hablar con cualquiera que lo conocía. Alguien tiene que saber algo. ¿Escribiste todo eso? Volvamos con los vecinos, están afuera esperando y son los únicos testigos".

Ramírez y Estévez salen de la casa. Los vecinos están en la calle, atentos a nuevas noticias sobre lo ocurrido. Son un grupo de ocho personas, todas parejas que viven las casas cercanas. Son casas familiares en una calle tranquila, en un vecindario tranquilo, en una ciudad pequeña.

Ramírez da instrucciones - *"Estévez, los vecinos parecen estar inquietos. Son varios, tráelos a todos para acá y vamos a interrogarlos uno por uno. Así podremos conseguir más información."* -

Los vecinos están muy afectados por la situación. No pueden creer que haya pasado algo así en su calle.

"Todos somos trabajadores, gente de familia. ¿Por qué alguien le haría eso a uno de nuestros vecinos? Todos estamos muy sorprendidos"- Explica la señora Silva.

Los interrogatorios no están funcionando. Nadie vio ni escuchó nada fuera de lo normal. Ya debían dejar que las personas volvieran a sus casas. De nada serviría mantenerlos ahí por más tiempo.

La situación es complicada. Los detectives estaban en aprietos.

ESTEVEZ AND RAMIREZ: THE BEGINNING OF THE MYSTERY.

Detective Ramirez walks in and looks around the room. Detective Estévez is at the door. Ramirez is tall, thin and dark-skinned; Estévez is blond, somewhat overweight and of short stature. Ramirez is reviewing the entire room carefully, any minimal details could be important. Estevez, who had already inspected the room, is aware of what his partner was doing. Ramirez is an experienced detective, more than twenty years old at work, and is always calm when reviewing a crime scene. The corpse in the middle of the room does not alter it. Estevez, who recently stepped up to a detective position, is still getting used to this type of scenes, but he is one of the best young policemen of the city.

"The neighbors called the police because of the smell. They say that he was very quiet and did not mess with anyone. "Estevez comments.

Ramirez looks more closely at the corpse and continues to describe the scene to Detective Estévez to take notes.

"It's clear, I see a head injury and bruises all over this body. It was a homicide. There is no bullet wound. Please take a picture of the dining room table. The food that is there was not the victims and it is important to register. The killer ate either before or after beating the victim, possibly until killing her. Either way, This is not a random murder; This was personal, I'm sure of that. Let's begin to locate family and friends of the victim. We need to talk to anyone who knew him. Someone has to know something. Did you write all that? Let's go back to the neighbors, they are waiting outside and they are the only witnesses. "

Ramirez and Estévez leave the house. The neighbors are in the street, Attentive to new news of what happened. They are a group of eight people, all couples living nearby houses. They are family homes on a quiet street, in a quiet neighborhood, In a small town.

Ramírez gives instructions - "Estévez, the neighbors seem to be troubled. There are many of theml, bring them all here and we are going to interrogate them one by one. That way we can get more information. "-

Neighbors are very affected by the situation. They cannot believe that something like that happened on their street.

"We are all workers, family people. Why would someone do that to one of our neighbors? We are all very surprised "- Explains Mrs. Silva.

The interrogations are not working. Nobody saw or heard anything out of the ordinary. They should have let people go home. It would do no good to keep them there any longer.

The situation is complicated. The detectives were in trouble.

El miedo de Laura

Laura estaba hablando por teléfono cuando la lluvia llenaba toda la ciudad y el cielo se iluminaba con explosiones de luces.Mario le hablaba de su actual problema pero ella, debido al miedo que le producían las tormentas, no podía seguir prestándole atención. Le explicó sus temores y finalizó la conversación fijándola para otro día.

Pensó que su madre tenía razón, los problemas de su vida no le permitían estar resolviendo el problema de la fobia a las tormentas. En eso pensaba cuando de pronto se interrumpió la corriente eléctrica y todo quedó a obscuras.

Le costó recordar dónde había dejado la linterna. Poco a poco fue recorriendo con sus manos los estantes de la biblioteca donde imaginaba la había dejado. En un rincón, sintiendo cada unos de los objetos con sus manos, la encontró.

Entre la luz de los relámpagos le pareció ver, en el edificio vecino, a una pareja que estaba discutiendo. La imagen sólo duró un instante. Laura siguió observando el edificio a obscuras, intentando volver a ver algo. Pero no logró ver nada. Sacudió la cabeza para borrar la imagen que había observado pensando que su vista, ayudada por el destello de luces le habían producido esa extraña ilusión óptica.

Volvió caminando lentamente a la sala, miró nuevamente la casa del frente y supo que no se había equivocado. Ahora sí y con claridad vio a un hombre que, con furia, estaba clavando un arma semejante a un cuchillo una y otra vez en el cuerpo de una mujer.

Asustada dio vueltas en círculos. No lo estaba imaginando. Estaba seguro de lo que había visto. No sabía qué hacer. Estaba empezando a desesperarse. Sentía aumentar su impotencia pero luego reaccionó.

Salió corriendo mientras profería gritos para llamar la atención y lograr que los vecinos la siguieran, pero nadie le prestó ayuda.

Al llegar al edificio notó que la puerta estaba abierta, entro y corrió subiendo las escaleras. Fue directamente al departamento en el cuál había visto que ocurrió el horrendo crimen. Laura golpeó desesperada la puerta con los puños. Luego de unos instantes que le parecieron eternos la puerta se abrió.Apareció una mujer joven y bella cubierta de sangre falsa y un hombre, aquel que había visto, con un cuchillo de utilería en la mano. Notando la cara de asombro de Laura, que no podía decir ni una palabra, la mujer preguntó:

-¿ Te unes a la fiesta?

Laura's Fear

Laura was talking on the phone when the rain filled the city and the sky was lit up with bursts of lights. Mario was talking about his current problem but she, because of the fear of the storms, could not keep paying attention to him. She explained him her fears and ended the conversation setting it to another day.

He thought his mother was right, the problems of her life did not allow her to be solving the problem of storm phobia. She was thinking about that when suddenly the electric current was interrupted and everything went dark.

It was hard to remember where she had left the flashlight. Little by little, she ran her hands over the shelves of the library where she imagined she had left it. In a corner, feeling each of the objects with her hands, found it.

In the light of the lightning, she seemed to see a couple in the nearby building a couple that was arguing. The image only lasted for a moment. Laura continued to stare at the building in darkness, trying to see something again. But she could see nothing. She shook her head to erase the image she had observed, thinking that her sight, aided by the flash of light, had produced that strange optical illusion.

Shee walked slowly back to the living room, looked again at the front house and knew she was no t make any mistake. Now

LanguageMastery

he clearly saw a man who, with fury, was stabbing a knife-like weapon over and over again in a woman's body.

    Frightened, she go around in circles. She was not imagining it. She was sure of what she had seen. Not know what to do. He was beginning to exasperate. She felt her impotence increase but after that she reacted.

    She ran as she screamed to get attention and get the neighbors to follow her, but no one would pay attention or help her.

    When she arrived to the building she noticed that the door was open, she went in and ran up the stairs. She went directly to the apartment where she had seen the horrendous crime occur. Laura thumped the door desperately with her fists. After a few moments that seemed eternal, the door opened. There appeared a beautiful young woman covered with false blood and a man, the one she had seen, with a prop knife in hand. Noticing Laura's amazed face, she could not say a word, the woman asked,

    "Will you join the party?"

LO QUE ME DIO MI ABUELA

Dicen que tengo los ojos bellos de mi abuela, cuando miro el campo que la vio crecer.

Entre suspiros y recuerdos voy cruzando valles y quebradas que adornaban esas tierras del Romeral. Si no tuviera esos ojos de mi abuela, si fueran mis propios ojos, seguro, algún prejuicio encontrarían, restándole belleza a ese campo que tengo en frente de mí.

Pero voy mezclando miradas a veces mías, otras, las de mi abuela. Tengo que hacerlo porque el tiempo avanza y quienes vivieron como mi abuela, también tuvieron esos ojos grises, celestes y marrones.

Los huertos están amarillos con el maizal y cómo los zorzales y golondrinas en su vuelo rasante pasan gozando, picoteando el maíz. Más allá, circulan los bueyes, vacas y un toro acorralado que en engorda se encuentra para luego mandarlo a procrear.

Mi mirada se confunde con la de mi abuela, asomando de pronto una lágrima que dejo correr, llenando mi boca de un sabor salobre que alivia mi corazón. Sigo recorriendo el campo del Romeral.

Ella se afincó por largos años, esperando el trigo maduro que cada año debía cosechar. ¡Qué belleza! me decía a veces, cuando salíamos a recoger la verdura fresca dispuesta a cocinar. Decía que era saludable tomar sopita para que el cuerpo se regara por dentro así como regamos los campos con agua del canal.

Todo lo que ella miraba lo coronaba de luz, por eso decía a cada instante, sube y baja tu mirada y cuando la subas, un nuevo destello de belleza encontrarás.

Por eso, juego constantemente con la mirada de mi abuela, fortaleciendo la mía que necesito para avanzar.

WHAT MY GRANDMOTHER GAVE ME

They say I have the beautiful eyes of my grandmother, when I look at the field that saw her grow.

Between sighs and memories I am crossing valleys and ravines that adorned the lands of the Romeral. If I did not have those eyes of my grandmother, if they were my own eyes, sure, Some prejudice would find, subtracting beauty to that field that I have in front of me.

But I am mixing glances sometimes of mine, others, those of my grandmother. I have to do it because the time advances and those who lived like my grandmother, also had those gray, blue and brown eyes.

The orchards are yellow with the cornfield and how the thrushes and swallows in their flight flush enjoy, pecking the corn. Beyond, the oxes and cows circulate, Cows and a bull kept in a corral corrala fattening and after will be sent to procrate.

My gaze is confused with that of my grandmother, suddenly showing a tear that I let run, Filling my mouth with a salty taste that relieves my heart. I continue walking the field of the Romeral.

LanguageMastery

She settled for long years, waiting for the ripe wheat that she had to harvest each year. What a beauty! I used to say to myself when we went out to pick up the fresh vegetables ready to cook. He said it was healthy to take soup so that the body was watered inside as well as watered the fields with water from the canal.

Everything she looked at was crowned with light, that's why she said every moment, get your sight up and down and when you raise it, a new flash of beauty will find.

That's why I play constantly with my grandmothers sight , strengthening mine I need to move forward.

La búsqueda

Una tarde de invierno, Carlos, Guille, Elisa, Manuel y otros amigos se encontraban reunidos en una cabaña de madera, alrededor del fuego. Nadie decía nada, parece que no tenían nada que hacer. Por fin Lucía comentó:

- ¡Qué pueblo más aburrido! Conocemos todos sus rincones y ya no se nos ocurre hacer nada nuevo.
- Tienes razón- corearon todos.
- Yo quiero ver un lugar diferente- dijo Manuel.
- Y yo, y yo, y yo,... - se escuchó a continuación.
- Parece que todos estaban de acuerdo y querían irse.
- Pero, ¿qué les diremos a nuestros padres? ¿A dónde iremos? ¿cuándo nos iremos?- preguntó desanimado Carlos.
- Después de un gran rato de silencio, cuando parecía que el plan no se podía realizar, María gritó:
- Ya lo tengo
- ¿Qué?- dijeron todos abriendo mucho los ojos.
- Iremos a visitar al viejo sabio, sin decírselo a nuestros padres, él nos ayudará.

Cogieron los abrigos, las bufandas, los gorros y, con mucho cuidado de no hacer ruido se dirigieron a la casa del sabio. Le explicaron qué querían hacer y el viejo, sin decir palabra, los montó en una vieja avioneta que tenía de cuando era joven, y los llevó a la cima de la montaña nevada que se veía desde el pueblo.

Una vez allí, sacó una botella de color naranja e invitó a los niños a que echaran un gran trago.

El primero que lo hizo fue Guille.

- ¡Qué bueno está!, aunque es de color naranja sabe a fresa- dijo lamiéndose los labios.
- ¡Pásamelo!- gritó María.
- Cuando se terminó la ronda el sabio dijo:
- Ahora cada uno va a decir, mirando las montañas y gritando, dónde quiere ir y qué va a hacer en ese lugar.
- Pedro, que era el más valiente y decidido, gritó con todas sus fuerzas:
- ¡Voy A casa de mi tía Emilia A ver a mis primos!
- Pero no sucedió nada. El sabio le indicó que lo repitiera, y Emilio, colocándose las manos alrededor de la boca, repitió las mismas palabras:
- ¡Voy A casa de mi tía Emilia A ver a mis primos!
- Fue entonces cuando, asombrados, vieron como la letra "A" al pronunciarla caía congelada al suelo.
- Carlos, entonces, animado gritó:
- ¡Quiero ir A un parque de atracciones, A montar en la noria!
- Después gritó Manuel, después Elisa, después Guille… cuando terminó el último, cada uno recogió sus "A" congeladas. El sabio dijo:
- Con estas aes, al contar tres, podréis viajar hasta el lugar escogido y hacer lo que cada uno quiera. Pero cuando las as se hayan descongelado, contad otra vez tres y estaréis de vuelta al pueblo, concretamente a vuestra cabaña de reunión.

Y así sucedió.

Los niños, cuando se volvieron a encontrar en su cabaña, no paraban de hablar, se quitaban la palabra unos a otros, se reían, bromeaban... Pasaron días muy divertidos y no se acordaron para nada de los ratos aburridos vividos anteriormen

THE SEARCH

One winter afternoon, Carlos, Guille, Elisa, Manuel and other friends were gathered in a wooden hut, around the fire. No one said anything, It seems they had nothing to do. Finally Lucia said:

- What a boring town! We already know all its corners and we can not think of anything new.
- "You are right," they all said togheter
- "I want to see a different place," said Manuel.
- And I, and I, and I, ... - was heard next.
- It seems that everyone agreed and wanted to leave.
- But, what will we tell our parents? Where will we go? "When are we going?" Carlos asked in despair.
- After a long silence, when it seemed that the plan could not be realized, Mary shouted:
- I already have it
- "What?" They all said, their eyes wide open.
- "We'll go visit the old wise man without telling our parents, he'll help us."

They took the coats, the scarves, The caps and, with great care of not making noise, went to the house of the wise man. They explained what they wanted to do and the old man, without saying a word, got them on an old plane that he had from when he was young, and took them to the top of the snowy mountain that was visible from the village.

LanguageMastery

Once there, he took out an orange bottle and invited the children to take a big drink.

The first one that did it was Guille.

- How good it is!, although it is orange in color, it tastes like strawberry- he said licking his lips.
- "Pass it to me!" Cried Maria.
- When the round was over, the wise man said:
- Now everyone will say, looking at the mountains and screaming, where do you want to go and what will you do in that place.
- Peter, who was the most brave and determined, He shouted with all his might:
- I go to my Aunt Emilia's house to see my cousins!
- But nothing happened. The wise man told him to repeat it, and Emilio, placing his hands around his mouth, he repeated the same words:
- I go to my Aunt Emilia's house to see my cousins!
- It was then that, in astonishment, they saw the letter "A" when pronounced fell freezing to the ground.
- Carlos, then, excited shouted:
- I want to go to an amusement park, to ride the ferris wheel!
- Then Manuel shouted, then Elisa, then Guille ... when the last one finished, each one picked up their frozen "A's. The wise man said:
- With these A, when counting three, you will be able to travel to the chosen place and do what each one wants. But when the As have defrost, count again three and

you will be back to the town, concretely to your cabin of meeting.

And so it happened.

The children, when they met again in their hut, kept talking, They kept talking to each other, laughing, joking ... The days were very funny and they did not remember at all the boring moments lived before.

NAVIDAD EN MÉXICO

Durante mis vacaciones de Navidad, decidí conocer la costa suroeste de México, pero aquella parte menos turística. Ya había escuchado que todos se iban siempre por la localidad de Puerto Escondido, lugar de playas paradisíacas, que se encuentra en la costa del estado de Oaxaca, 250 kms al sur de la capital del estado y a unos 800 kms de Ciudad de México. Pero un "cuate" mexicano, me dijo que para conocer las playas más "chidas", más tranquilas y sobre todo, menos explotadas, era mejor irse hasta Mazunte y Zipolite. El problema era que sólo las compañías de buses de segunda clase vendían boletos, así que nos fuimos en camión hasta San Pedro Pochutla, en pleno corazón de la costa oaxaqueña, viajando seis horas a través de puras curvas, sin baño ni -por supuesto- aire acondicionado. A esta localidad llegamos de noche y tuvimos que preguntar por los "combis" (minibuses compartidos que se utiliza como medio de transporte) que nos llevaran hasta Mazunte. Un viejecito al lado de la terminal nos indicó que había unas camionetas, marca Toyota, que nos podían llevar hasta la playa. Pagamos unos 20 pesos cada uno y nos subimos con diferentes familias, mochileros y pochultecos. Afortunadamente, al rato llegamos al destino final. Debo decir que no me arrepiento del largo viaje que hicimos desde el DF: comimos tlacoyos (tortilla gigante llenada de cecina, carne de cerdo ahumada, con frijoles y salsa) y llegamos en menos de 5 minutos a una playa casi virgen. Se escuchaba el mar acariciando la orilla, olía a mariscos recién pescados y el cielo claro enseñaba miles de estrellas. Mazunte aún no está muy exenta joven europea, junto a un grupo de amigos, decidió viajar en bus desde Ciudad de México al hermoso y caluroso suroeste mexicano, a fin de disfrutar del lado más desconocido del fascinante estado de Oaxaca. Fue así como se aventuraron por playas desconocidas, incluso algunas para nudistas, que además estaban llenas de lugares y gente pintorescos.

A dos metros de la playa, y a lo largo de toda esta zona costera, se puede conseguir un cuarto barato, en el cual se escucha el tranquilo ruido del mar, que a veces ¡hay que compartir con arena y hormigas! Nos quedamos en una de estas casitas y luego hablamos con un mesero, quien nos explicó que se puede pescar mariscos y cangrejo. También nos dijo que Mazunte, del vocablo náhuatl "te pido por favor que desoves", también debía su nombre al cangrejo azul, que ha sido parte de la dieta alimenticia de los habitantes del pueblo por mucho tiempo. Además, nos indicó que debíamos visitar el "Centro Mexicano de la Tortuga", lugar donde se exhiben todas las especies de tortugas marinas que habitan en los litorales de México. Aquí están representadas seis especies de tortugas de agua dulce y dos especies terrestres, también de territorio mexicano. El centro fue creado por el gobierno en 1991 para proteger las especies marítimas, las cuales antes eran explotadas para hacer joyería, artesanías y recuerdos. Después de unas noches en Mazunte, nos fuimos en combi a la playa vecina, Zipolite, famosa por su onda hippie y, por ser apta para nudistas. Allí, el mar está mucho menos agitado y se pueden encontrar cabañas y hamacas, junto a jóvenes que están sentados cantando y cotorreando al atardecer. Hablamos con algunos de ellos, que eran una mezcla de mexicanos, franceses y venezolanos. Nos dijeron que se habían quedado allí por unas dos semanas, aprovechando la tranquilidad del lugar y de su "vibra relajada". Una vibra muy relajada, por cierto, porque cada uno llevaba una amplia sonrisa y se notaba que estaban muy contentos. Bueno, en realidad, era imposible ver este panorama y no sentirse la persona más afortunada del mundo

Recuerdo la anécdota más simpática que nos ha ocurrido aquí. Le pasó a nuestro amigo Florencio Hernández, quién ya no trabaja con nosotros. Un día, una pareja de estadounidenses le pidió que los llevara a la ciudad de Taxco, famosa por sus minas de plata, que está ubicada a tres horas de aquí. Luego de recorrer la ciudad, los turistas lo invitaron a comer. Pasaron los minutos y la comida se transformó en celebración a tal punto que Florencio se emborrachó. Entonces el señor norteamericano tuvo que llevarlo al auto y hacer de chofer hasta la capital. Preguntando, lograron salir de Taxco. Ya de noche, cansados y enojados, llegaron al hotel con mi compañero dormido en el asiento trasero. Y eso no fue todo. Cuando lo despertaron, y tras pedirles una disculpa a los turistas, Historias de Taxi Si no bebe, mejor no conduzca Por Julio Lara Florencio se levantó sorprendido. Lo primero que hizo fue revisar el marcador de tarifa y comenzó, aún con claros síntomas de embriaguez, a cobrarles por el "gran" servicio que les había dado.

LanguageMastery

CHRISTMAS IN MEXICO

During my Christmas holidays, I decided to know the southwest coast of Mexico, but that less touristy part. I had already heard that everyone was always going to the town of Puerto Escondido, a place of paradisiacal beaches, located on the coast of the state of Oaxaca, 250kms south of the state capital and about 800 kms from Mexico City. But a "cuate" Mexican, told me that to know the beaches more "chidas", calmer and above all, less exploited, it was better to go to Mazunte and Zipolite. The problem was that only second-class bus companies sold tickets, so we drove to San Pedro Pochutla, In the heart of the Oaxacan coast, traveling six hours through pure curves, without bath or - of course - air conditioning. To this locality we arrived at night and we had to ask for the "combis" (minibuses shared that is used as means of transport) that will take us until Mazunte. An old man next to the terminal told us that there were pickup trucks, Toyota brand, that could take us to the beach. We paid about 20 pesos each and went up with different families, backpackers and pochultecos. Fortunately, we eventually reached the final destination. I must say that I do not regret the long trip that we made from the DF: we ate tlacoyos (giant tortilla filled with cecina, pork smoked, with beans and sauce) and we arrived in less than 5 minutes to an almost virgin beach. You could hear the sea caressing the shore, smelled of freshly caught seafood, and the clear sky displayed thousands of stars. Mazunte is still not very exempt young European, next to a group of friends, decided to travel by bus from Mexico City to the beautiful and hot southwest Mexican, in order to enjoy the most unknown side of the fascinating state of Oaxaca. This was how they ventured into unknown beaches, including some for nudists, which were also full of picturesque places and people.

Two meters from the beach, and all along this coastal area, you can get a cheap room, where you can hear the quiet noise of the sea, which sometimes have to be shared with sand and ants! We stayed in one of these little houses and then talked to a waiter, who explained that you can fish for seafood and crab. He also told us that Mazunte, from the Nahuatl word "please, I ask you to spawn", also owes its name to the blue crab, which has been part of the diet of the villagers for a long time. In addition, he indicated that we should visit the "Mexican Turtle Center", a place where all the species of sea turtles that inhabit the coast of Mexico are exhibited. Here are represented six species of freshwater turtles and two terrestrial species, also from the Mexican territory. The center was created by the government in 1991 to protect marine species, which were previously exploited to make jewelry, crafts and souvenirs. After a few nights in Mazunte, we went to the neighboring beach, Zipolite, famous for its hippie wave and because it is suitable for nudists. There, The sea is much less rough and you can find cabins and hammocks, next to young people who are sitting singing and chattering at dusk. We talked to some of them, which were a mix of Mexicans, French and Venezuelans. We were told they had stayed there for about two weeks, taking advantage of the tranquility of the place and its "relaxed vibe". A very relaxed vibe, by the way, because each one wore a wide smile and you could tell they were very happy. Well, actually, It was impossible to see this panorama and not feel like the luckiest person in the world

I remember the nicest anecdote that has happened to us here. It happened to our friend Florencio Hernández, who no longer works with us. One day, a couple of Americans asked him to take them to the city of Taxco, famous for its silver mines, which is located three hours from here. After touring the city, tourists invited him to eat. The minutes passed and the food became a celebration to such an extent that Florencio got drunk. Then the American gentleman had to take him to the car and be the driver to the capital. Asking for guidance, they were able to leave Taxco. Already at night, tired and angry, they arrived at the hotel with my partner asleep in the back seat. And that was not all. When they woke him up, and after asking an apology to the tourists, Taxi Stories Si no bebes, Better not drive By Julio Lara Florencio got up surprised. The first thing he did was to check the rate marker and began, even with clear symptoms of drunkennes, to charge them for the "great" service he had given them.

La princesa de Fuego

Hubo una vez una princesa increíblemente rica, bella y sabia. Cansada de pretendientes falsos que se acercaban a ella para conseguir sus riquezas, hizo publicar que se casaría con quien le llevase el regalo más valioso, tierno y sincero a la vez. El palacio se llenó de flores y regalos de todos los tipos y colores, de cartas de amor incomparables y de poetas enamorados. Y entre todos aquellos regalos magníficos, descubrió una piedra; una simple y sucia piedra. Intrigada, hizo llamar a quien se la había regalado. A pesar de su curiosidad, mostró estar muy ofendida cuando apareció el joven, y este se explicó diciendo:

- Esa piedra representa lo más valioso que te puedo regalar, princesa: es mi corazón. Y también es sincera, porque aún no es nuestro y es duro como una piedra. Sólo cuando se llene de amor se ablandará y será más tierno que ningún otro.

El joven se marchó tranquilamente, dejando a la princesa sorprendida y atrapada. Quedó tan enamorada que llevaba consigo la piedra a todas partes, y durante meses llenó al joven de regalos y atenciones, pero su corazón seguía siendo duro como la piedra en sus manos. Desanimada, terminó por arrojar la piedra al fuego; al momento vio cómo se deshacía la arena, y de aquella piedra tosca surgía una bella figura de oro. Entonces comprendió que ella misma tendría que ser como el fuego, y transformar cuanto tocaba separando lo inútil de lo importante.

Durante los meses siguientes, la princesa se propuso cambiar en el reino, y como con la piedra, dedicó su vida, su sabiduría y sus riquezas a separar lo inútil de lo importante. Acabó con el lujo, las joyas y los excesos, y las gentes del país tuvieron comida y libros. Cuantos trataban con la princesa salían encantados por su carácter y cercanía, y su sola presencia transmitía tal calor humano y pasión por cuanto hacía, que comenzaron a llamarla cariñosamente "La princesa de fuego".

Y como con la piedra, su fuego deshizo la dura corteza del corazón del joven, que tal y como había prometido, resultó ser tan tierno y justo que hizo feliz a la princesa hasta el fin de sus días.

THE FIRE PRINCESS

There was once an incredibly rich, beautiful and wise princess. Tired of false pretenders approaching her to get her wealth, she made publish that he would marry who would bring him the most valuable, tender and sincere gift at the same time. The palace was filled with flowers and gifts of all types and colors, incomparable love letters and love poets. And among all those magnificent gifts, she discovered a stone; A simple and dirty stone. Intrigued, she summoned the one who had given it to her. Despite her curiosity, she was very offended when the young man appeared, and he explained himself by saying:

- That stone represents the most valuable thing that I can give you, princess: it is my heart. And it is also sincere, because it is not yet ours and is hard as a stone. Only when it is filled with love will it soften and will be more tender than any other.

The young man left quietly, leaving the princess surprised and trapped. She was so in love that she carried the stone everywhere, and for months filled the young man with gifts and attentions, but his heart remained as hard as stone in her hands. Discouraged, she ended by throwing the stone into the fire; at the moment she saw the sand breaking, and from that rough stone came a beautiful figure of gold. Then she realized that she herself would have to be like fire, and transform everything that touched separating the useless from the important.

During the following months, the princess propose to change in the kingdom, and as with the stone, she dedicated her life, her wisdom and her riches to separate the useless from the important. He finished with the luxury, the jewels and the excesses, and the people of her country had food and books. Those who dealt with the princess were delighted by their character and closeness, and her mere presence conveyed such warmth and passion for what she did, that they began to call her affectionately "The Princess of Fire."

And as with the stone, her fire melted the hard crust of the young man's heart, which, as he had promised, turned out to be so tender and fair that he made the princess happy until the end of her days.

JUANCITO

A Juancito le encantaba jugar al fútbol. Y jugaba muy bien en el campito de la esquina, con sus amigos del barrio. Hacía pases perfectos, gambeteaba con gran habilidad y pateaba al arco con una precisión que causaba temblores a los arqueros más tenaces.

Un día, un entrenador de un importante club de fútbol vio jugar a Juancito, y le ofreció la oportunidad de jugar en el equipo de su club. Juancito se entusiasmó mucho. Pero cuando jugó en el equipo del club, vio que los otros chicos del equipo jugaban tan bien o mejor que él, entonces no le resultó tan divertido jugar con ellos.

Juancito decidió que estaba mejor jugando en el campito con sus amigos del barrio, en donde siempre lo elegían primero a él para formar parte de los equipos. Hoy en día, cada vez que viene un entrenador a ofrecerle ir a jugar a su equipo, él dice: "no, gracias, estoy bien acá jugando con mis amigos".

JUANCITO

Juancito loved playing football. And he played very well in the little field at the corner , with his friends from the neighborhood. He made perfect passes, dribbled with great skill and kicked to the goal with a precision that caused tremors to the most tenacious goalkeepers.

One day, a coach of a importantr football club saw Juancito play, and offered him the opportunity to play on his club's team. Juancito was very enthusiastic. But when he played on the club's team, he saw that the other guys on the team played as well or better than he did, so it was not so much fun playing with them.

Juancito decided that he was better playing in the little fieldo with his friends of the neighborhood, where they always chose him first to be part of the teams. Nowadays, every time a coach comes to offer him go play his team, he says "no thanks, I'm fine here playing with my friends".

SENTENCIA

-Culpable.- dijo con fuerza el juez de la corte.

Sergio es tomado de los hombros por dos policías y se lo llevan.

Una sensación de alivio corre por mi cuerpo. Mi madre me mira con los ojos llenos de lágrimas y me sonríe con tristeza.

-Vámonos, ya todo terminó. ¿No estas feliz hija?. Ya se lo llevaron, lo declararon culpable.- una lágrima cae de sus ojos, se detiene, mira hacia abajo y retoma la palabra.-Discúlpame.

La agarro de la mano, le hago una caricia intentando calmarla.

-No debes pedir perdón por llorar- le seco la cara-Vamos a casa, hay que decirle a papá.

Cuando llegue, vi a mi padre sentado solo en la mesa.

-Les preparé la cena- dibuja una sonrisa enorme sobre su rostro y dice- Veo que no regresaron con buenas noticias, Laura no... - se detiene conteniéndose de no llorar- no importa.

Me siento en la silla a su costado.

-Papá, el caso ya está resuelto, ya encontramos a Laura y a su asesino.

- Entonces ella...- traga saliva- ella no estará para la cena.

Un largo silencio se apoderó de la habitación.

-No importa, cuéntame lo que ocurrió, seré fuerte.

Mi madre se acerca a su costado y apoya su mano sobre su hombro, lo mira con ternura y le dice -Yo sé que sí.

- Bueno, mira papá. ¿Recuerdas la historia de la abuela Sonia?

-Sí, la historia del reloj que ella heredo cuando aún estaba viva, que el reloj según la historia estaba encantado y que él se la había llevado. Amaba al reloj, pero, ¿qué tiene que ver esto con tu hermana?

-Mucho. -me acerqué hacia él y le dije- Presta suma atención, te lo ruego, no lo quiero volver a repetir, tal vez tu si seas fuerte con este asunto, pero yo no.

-Te lo prometo hija mía, y te prometo que pase lo que pase siempre estaremos unidos, -mira a mi mamá y la toma de la mano- los tres.

-Yo sé que sí,- respiro hondo- Bueno, hay algo que jamás te conté, a mama ya se lo dije, pero a ti no. Todo empezó cuando nos contaste la historia de nuestra abuela que jamás conocimos, Laura se había quedado impresionada con todo el relato así que se propuso a investigar acerca de la historia, cada vez sacaba más información. La última vez que hable con ella fue cuando me avisó que iba a la casa de Sergio el abuelo a hacerle unas preguntas. Yo jamás quise que ella fuera porque el abuelo sabía que algo malo andaba mal con ese anciano, pero de todas maneras ella no me obedeció y se fue. Jamás volvió ese día, ¿lo recuerdas?

-Sí, tu abuelo dijo que no la había visto.

-Exacto, pero mentía.

Mi papá tenso dice:

-Lara, hija, no digas estupideces, con esas cosas no se debe jugar, ¿pretendes que me crea que tu abuelo nos mintió?- dijo furioso.

-Mario, el mismo lo dijo, los detectives lo dijeron, tu hija te lo dice y yo también, debes creerle.

-Padre, tranquilízate debes saberlo. El caso es que él nos mintió, y lo que en verdad ocurrió fue que cuando Laura llego a su casa, él ya la estaba esperando. Le conto la verdadera historia y ella espantada salió corriendo, pero al querer huir Sergio la atrapo, intento escapar pero no pudo, intento gritar pero nadie la escucho aunque enseguida él la arrojó al viejo ático y la encerró hasta que se muriera—mantengo la respiración para no llorar- Sonia no desapareció a causa del reloj, la mató el por celos ya que sentía que ella quería más al reloj. Ya encontraron su cadáver, el maldito viejo, al matarla la ocultó dentro de la pared justo detrás del reloj.

Mario no dice nada. Se levanta de la mesa.

-Papá, quédate por favor. Todo es mi culpa por dejar que ella se fuera.

- Lo lamento Lara, quiero un descanso de todo este asunto, y recuerda, que el error fue mío, por haberles contado la historia.

SENTENCE

"Guilty," said strongly the court judge.

Sergio is taken from the shoulders by two policemen and they take him away.

A sense of relief runs through my body. My mother looks at me with her eyes full of tears and smiles at me sadly.

"Let's go, it's all over." Are not you happy daughter ?. They took him away, they declared him guilty. - A tear falls from her eyes, she stops, looks down and picks up the word again. "Excuse me."

I take her hand, I caress her, trying to calm her down.

-You must not apologize for crying- I dry my face- Let's go home, You have to tell dad.

When I arrived, I saw my father sitting alone at the table.

"I prepared the dinner," he draws a huge smile on his face and says "I see that you did not return with good news, Laura not- "She stops, refusing to cry-it does not matter.

I sit in the chair beside him.

Father, the case is already settled, we've already found Laura and her killer.

- Then she ... - swallows - she will not be for dinner.

A long silence filled the room.

Never mind, tell me what happened, I'll be strong.

My mother comes to her side and puts her hand on his shoulder, looks at him tenderly and says, I know you will be.

- Well, look, dad. Do you remember the story of Grandma Sonia?

-Yes, the story of the clock she inherited when she was still alive, that the clock according to the story was delighted and that he had taken her. she loved the clock, but, What does this have to do with your sister?

-A lot. I get closer to him and said, "Pay very much attention, I beg you, I do not want to repeat it, maybe you are strong with this matter, but not me.

"I promise you, my child, and I promise that no matter what happens, we will always be united," he looks at my mother and takes her hand.

"I know you do," Ibreath deeply. "well, there is something I never told you, I already told mom, but not you. It all started when you told us the story of our grandmother we never met, Laura had been impressed with the whole story so she set out to investigate the story, she was getting more information. The last time I talked to her was when she told me that she was going to the house of Sergio the grandfather to ask a few questions. I never wanted her to be because Grandpa knew that something bad was wrong with that old man, but she did not obey me anyway and left. He never came back that day, remember?

-Yes, Your grandfather said he had not seen her.

"Exactly, but he was lying."

My dad tense says:

-Lara, daughter, do not say nonsense, with these things should not be played, Do you expect me to believe that your grandfather lied to us? "He said angrily.

"Mario, he said it, the detectives said it, your daughter tells you so, and so do I, you must believe him.

-Father, calm down, you must know. The fact is that he lied to us, and what really happened was that when Laura got home, he was waiting for her. he told her the true story and she scared ran away, but when she wanted to escape Sergio caught her, she tried to escape but she could not, she tried to scream but no one heard her, but then he threw her into the old attic and locked it until she died-I hold my breath so I do not cry- Sonia did not disappear because of the clock, He killed her out of jealousy because she felt she wanted the clock more. They've found his body, the damn old man, when he killed her he hid her inside the wall just behind the clock.

Mario says nothing. He gets up from the table.

"Dad, stay, please." It's all my fault for letting her go.

- I'm sorry Lara, I want a break from this whole thing, and remember, that the mistake was mine, for telling you the story.

Haciendo compañía

Abrí los ojos me sentía un poco confundido, un poco mareado, no entendía bien lo que pasaba. Escucho una explosión, el piso se movía baje al sótano y eso es todo lo que recuerdo.

Todo esta en silencio, no escucho autos en la calle, miro por la ventana y solo puedo ver el caos que hay afuera, camino por las calles y solo veo cosas destruidas, las calle rotas, autos tirados, pero todavía no veo a ninguna persona, estoy empezando a sentirme solo, estoy empezando a desesperarme escucho un ruido entre unos escombros y quise ir a ver, teniendo la esperanza de que fuera otra persona. Corrí los escombros y alcance a ver algo solo era un pequeño perro, lo saque de su encierro, lo mire a los ojos y en ese momento entendí que iba a ser mi única compañía.

Seguí caminando con el perro, el cual lo llame Bobby, nos dirigimos a la calle principal de la ciudad, empezaba a caer la noche y las luces de la calle se prendían, decidí volver a casa, necesitaba respuestas para entender lo que pasaba.

Al llegar a casa revise la comida que tenia para sobrevivir lo que encontré solo alcanzaba para unos días, arme una cama para Bobby y me fui a descansar con ilusión de que al despertar todo volvería a ser como antes y que todo esto solo sea una pesadilla una muy mala pesadilla.

Al día siguiente, salí con mi perro decidido a encontrar otro ser humano, me negaba a creer que yo era el único hombre en la tierra.

Caminamos por varias horas sin encontrar nada, en el camino había recogido algunos alimentos para poder sobrevivir.

Llegamos a casa con Bobby, nos sentamos a descansar y a comer algo. De repente escuche un ruido en la puerta pensé que otra vez estaba alucinando por la ansiedad de ver alguien mas seguí comiendo y esta vez escuche perfectamente como golpeaban mi puerta, Bobby empezó a ladrar me levante y camine hacia ella y mire por la ventana era una luz, abrí la puerta el perro ladraba como loco y no podía creer lo que veía, era enorme algo inexplicable lo que podía llamarse una nave especial y allí estaba ella.

Su forma era curiosamente rara, su vestimenta era única, me miraron a los ojos y solo pude caminar hacia ellos.

Desde ese día me encuentro en este planeta, al menos no estoy solo, quizás sea el único ser humano, y aunque viva en un pequeño calabozo creo y solo creo que me alegra no ser el único.

MAKING COMPANY

I opened my eyes, I felt a little confused, a little dizzy, I did not quite understand what was happening. I hear an explosion, The floor moved, I went down to the basement and that's all I remember.

Everything is silent, I do not hear cars in the street, I look out the window and I can only see the chaos outside, I walk the streets and only see things destroyed, broken streets, cars abandoned, but still do not see any person, I'm starting to feel lonely, I am beginning to despair I hear a noise among some debris and I wanted to go and see, hoping that it was someone else. I moved the debris and I could see something was just a small dog, I took it out of its confinement, looked it in the eyes and at that moment I understood that it would be my only company.

I kept walking with the dog, which I named Bobby d, we headed to the main street of the city, the night was began to fall and the street lights were being turned on, I decided to go back home, I needed answers to understand what was going on.

When I got home I checked the food I had to survive what I found only was enough for a few days, I assembled a bed for Bobby and I went to rest with the illusion that upon waking everything would be as was before and that all this is just a nightmare a very bad nightmare.

The next day, I went out with my dog determined to find another human being, I refused to believe that I was the only man on earth.

We walked for several hours without finding anything, On the way I had collected some food to survive.

I got home with Bobby, we sat down to rest and eat something. Suddenly I heard a noise at the door I thought that again I was hallucinating for the anxiety of seeing someone else I continued eating and this time I heard perfectly as somebody was knocking on my door, Bobby started to bark I got up and walked towards the door and look through the window ,it was a light, I opened the door the dog barked like crazy and I could not believe what I saw, It was huge ,something inexplicable what could be called a special ship and there she was.

Their form was curiously rare, his dress was unique, they looked into my eyes and I could only walk towards them.

Since that day I am on this planet, at least I am not alone, maybe the only human being, And although I live in a small dungeon I think and I just think I'm glad I'm not the only one.

FRÍA SORPRESA

María Luisa despertó confundida sobre el banco verde y no fue hasta entonces que cayó en cuenta de la espantosa realidad de que estaba sola, absoluta y totalmente sola. Ese día tuvo que levantarse muy temprano para acompañar a la maestra Frandina y otros compañeritos hasta el Museo Diocesano, una casa muy grande y antigua que antes era un convento para monjas, pero que ahora funcionaba como un gran museo donde se guardaban viejas campanas de iglesias, espejos altísimos y hasta algunas vírgenes que cambiaban sus vestidos y pelucas según la ocasión.

_ ¡Maestra, maestra Frandina, ¿Dónde está?, conteste!

No pudo ver a la maestra ni a ninguno de sus compañeritos, ni a nadie que le dijera a donde se habían ido todos, corrió hasta la puerta principal que encontró cerrada, caminó por los pasillos y solo podía escuchar el taconeo agudo de sus zapatitos sobre las viejas cerámicas de la gran casa solitaria. Pasaron algunos angustiosos minutos hasta que pudo ver al final de un pasillo a una monjita blanca, muy joven y bonita, corrió hacia ella y abrazándola le dijo:

_ ¡Hermanita, hermanita, ayúdeme! me han dejado sola y tengo miedo.

La monjita la miró con cariño y agarrándola de la mano le respondió:

_Vamos, no tengas miedo yo te llevaré.

La niña caminó confiada agarradita de la mano. Escuchándose solo el taconeo de sus zapatitos. De repente preguntó:

_ Hermanita ¿Porqué tienes las manos tan frías

La hermanita respondió:

_Porque estoy muerta.

COLD SURPRISE

Maria Luisa woke up confused on the green bench and it was not until then that she realized the frightening reality that she was alone, absolutely and totally alone. That day she had to get up very early to accompany the teacher Frandina and other little classmates to the Diocesan Museum, a very large and old house that used to be a convent for nuns, But now functioned as a large museum where old church bells, very tall mirrors, and even some virgins who changed their dresses and wigs according to the occasion, were kept.

_ Teacher, teacher Frandina, where are you it ?, answer!

He could not see the teacher or any of his little classmates, or anyone to tell him where they had all gone, she ran to the front door that she found closed, walked down the aisles and could only hear the sharp heels of her own shoes on the old ceramics of the large, lonely house. some agonizing minutes passed until she could see at the end of a corridor a white, very young and pretty little nun, she ran to her and hugging her, said:

_ Little sister, little sister, Help me! They have left me alone and I am afraid.

The little nun looked at her affectionately and, taking her hand, said:

"Come on, do not be afraid I'll take you.

The girl walked confidentially holding her hand. Hearing only the tap of his shoes. Suddenly he asked:

_ Little sister Why are your hands so cold?

The sister replied:

"Because I'm dead.

CONFUSIÓN MILITAR

Mira lo que sucedió en un cuartel militar por no escribir la orden que un coronel dio a un comandante y este mando a transmitirla a otros hasta que llego a los soldados.

El coronel le dijo al comandante: mañana abra eclipse de sol a las nueve de la mañana cosa que no ocurre todos los días .haga salir a los soldados en traje de campaña al patio para que vean este raro fenómeno y yo les daré las explicaciones necesarias. En caso de lluvia no podremos no podremos ver nada y entonces llevara a los soldados al gimnasio.

Mira lo que sucedió en un cuartel militar por no escribir la orden que un coronel dio a un comandante y este mando a transmitirla a otros hasta que llego a los soldados.

El coronel le dijo al comandante: mañana habra ecli

pse de sol a las nueve de la mañana cosa que no ocurre todos los días .haga salir a los soldados en traje de campaña al patio para que vean este raro fenómeno y yo les daré las explicaciones necesarias. En caso de lluvia no podremos no podremos ver nada y entonces llevara a los soldados al gimnasio.

Ahora comienza el problema. El comandante llamo al capitán y le dijo: por orden del señor coronel mañana a las nueve de la mañana habrá eclipse de sol no podrá ver nada al aire libre y entonces en traje de campaña el eclipse tendrá lugar en el gimnasio cosa que no ocurre todos los días.

El capitán llamo al teniente y le dijo: por por orden del señor coronel mañana a las nueve de la mañana inauguración del eclipse del sol en el gimnasio. El señor coronel dará las ordenes oportunas si debe llover cosa que no ocurre todos los días.

El teniente enterado de todo llamo al sargento y le comunico: mañana a las de la mañana el señor coronel en traje de campaña eclipsara al sol como todos los días. Si hay buen tiempo y no hay se hará en el gimnasio.

El sargento llamo al cabo y le dijo: mañana alrededor de las nueve tendrá lugar el eclipse del coronel si llueve en el patio cosa que no ocurre todos los días y sino llueve en el gimnasio. lastima que eso no ocurra todos los días.

Durante el día los soldados comentaban entre si: parece ser que mañana encerraran al señor coronel en el gimnasio todo esto sucede porque parece que una vez no quería hacer gimnasio mientras llovía y quedo totalmente eclipsado.

¡Eso si que no sucede todos los días! nada de esto hubiera sucedido si hubieran estado escritas las ordenes y todos la hubieran interpretado de igual manera

MILITARY CONFUSION

Look what happened in a military barracks for not writing the order that a colonel gave a commander and this command to transmit it to others until it reaches the soldiers.

The colonel told the commander: tomorrow will be a eclipse of the sun at nine o'clock in the morning ,something that does not happen every day. Let the soldiers out in the field in fatigue dress to see this strange phenomenon, and I will give you the necessary explanations. In case of rain we will not be able to see nothing and then take the soldiers to the gym.

Now the problem begins. The commander called the captain and said: by order of the colonel tomorrow at nine o'clock in the morning there will be a eclipse of the sun and nothing could be seen the outside and then the eclipse will ocurr in the gym wearing fatiga dress, something that does not happen every day.

The captain called the lieutenant and said: by order of the colonel tomorrow morning at nine o'clock in the morning opening of the solar eclipse in the gym. The colonel will give the appropriate orders if it should rain, something that does not happen every day.

The lieutenant, aware of everything, called the sergeant and told him that tomorrow morning the colonel in a fatigue dress will eclipse the sun like every day If there is good weather and if no then it will be done in the gym.

The sergeant called the corporal and told him: tomorrow at about nine o'clock the eclipse of the colonel will take place if it rains in the yard, something that does not happen every day and if not rains will be in the gym. It's a shame that does not happen every day.

During the day the soldiers commented among themselves: it seems that tomorrow Colonel will be locked in the gym ,all this happens because it seems that once did not want to do gym while it rained and he was totally eclipsed.

That does not happen every day! None of this would have happened had the orders been written and everyone would have interpreted it in the same way

Made in the USA
Lexington, KY
11 January 2017